5

6

11

13

12

18

20

19

0

Der 1-2-3-Duden

Von der Zahl zum ersten Rechnen

von Ulrike Holzwarth-Raether

und Ute Müller-Wolfangel

mit Bildern von Barbara Scholz

Dudenverlag

Mannheim · Leipzig · Wien · Zürich

Bibliografische Information der Deutschen Bibliothek
Die Deutsche Bibliothek verzeichnet diese Publikation
in der Deutschen Nationalbibliografie;
detaillierte bibliografische Daten sind im Internet
über http://dnb.ddb.de abrufbar.

Das Wort Duden ist für den Verlag
Bibliographisches Institut & F. A. Brockhaus AG
als Marke geschützt.

Das Werk wurde in neuer Rechtschreibung verfasst.

Redaktion: Katja Schüler
Lektorat: Susanne Klein, Hamburg
Herstellung: Claudia Rönsch
Umschlaggestaltung: Mischa Acker
Satz: Sigrid Hecker, Mannheim
Druck und Bindung: Egedsa, Sabadell

Printed in Spain
ISBN 3-411-71411-5

Inhalt

Liebe Eltern, liebe Lehrerinnen und Lehrer,

Bei Autokennzeichen, Hausnummern, Abzählreimen, beim Einkaufen ... begegnen Kindern Zahlen schon lange vor dem ersten Schultag. Sie kennen sie aus ihrer unmittelbaren Lebenswelt und benutzen sie ganz selbstverständlich in ihrer täglichen Sprache zur Bewältigung von verschiedenen Lebenssituationen. Auch erstes elementares Rechnen können Kinder in der Regel schon vor der Schule handelnd bewältigen, wie z. B. dazulegen/hinzukommen oder wegnehmen/weggeben, ohne dass ihnen der mathematische Prozess bewusst ist.

An diese Vorerfahrungen der Kinder knüpft der 1-2-3-Duden an. Er systematisiert dieses Vorwissen, unterstützt die Zahlbegriffsentwicklung und das Zahlenverständnis und fördert das mathematische Verständnis für die ersten arithmetischen Operationen „Addition" und „Subtraktion".

Der 1-2-3-Duden hat drei Teile:

Im ersten Teil werden jeweils auf der linken Seite die **Zahlen 0 bis 20** mit ihren unterschiedlichen Zahlaspekten dargestellt. Auf der rechten Seite gibt es vielfältige Übungen zur Mengenerfassung oder Identifikation und zum korrekten Schreiben der Zahlen. Außerdem werden auf einer Doppelseite die Zahlen von 10 bis 100 eingeführt.

Ein Zählrap leitet den zweiten Teil ein. In diesem Teil steht das **spielerische und anregungsreiche Üben** im Mittelpunkt.

Der dritte Teil des 1-2-3-Dudens enthält **Rechenbildgeschichten** aus der Erfahrungswelt der Kinder zur Übung von Addition und Subtraktion. Mathematik ist mehr als „nur" rechnen können. Wichtig ist die Anwendung und Übertragung auf lebensnahe Situationen.

Für alle, die sich auf die Schule freuen, ist der 1-2-3-Duden ein Anreiz, sich mit Mathematik zu beschäftigen. Schulanfänger können ihre vorhandenen Kenntnisse festigen und in Sachsituationen erstes Rechnen üben und systematisieren.

Die Autorinnen

4

So findest du dich im 1-2-3-Duden zurecht:

Im ersten Teil findest du auf jeder Seite oben links die **Rechenschlange**.
Sie soll dir beim Zählen helfen.
Damit du ab der Zahl 6 nicht immer wieder bei eins zu zählen anfangen musst, sind im Bauch der Schlange immer 5 Kugeln in der gleichen Farbe eingefärbt. So kannst du ganz schnell die richtige Anzahl der Kugeln in ihrem Bauch erkennen.

Das ist das **Stiftzeichen**.
Nimm einen Stift und ...

... **kreuze an**, **kreise ein** oder **male an**, was du für richtig hältst, oder ...

... **verbinde** mit einem **Strich** das, was zusammengehört.

Was ist nur einmal da?

Wo ist die 1? Schreibe nach!

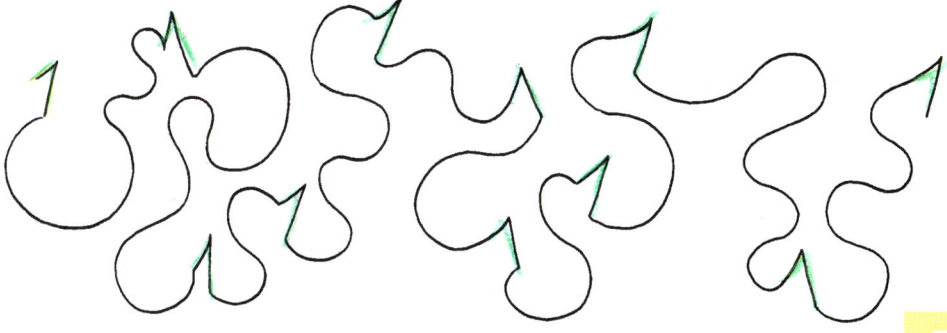

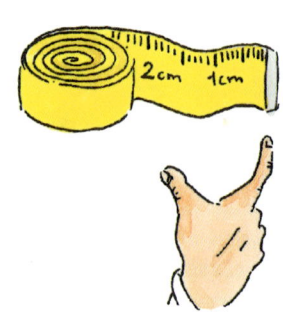

Immer 2! Verbinde!

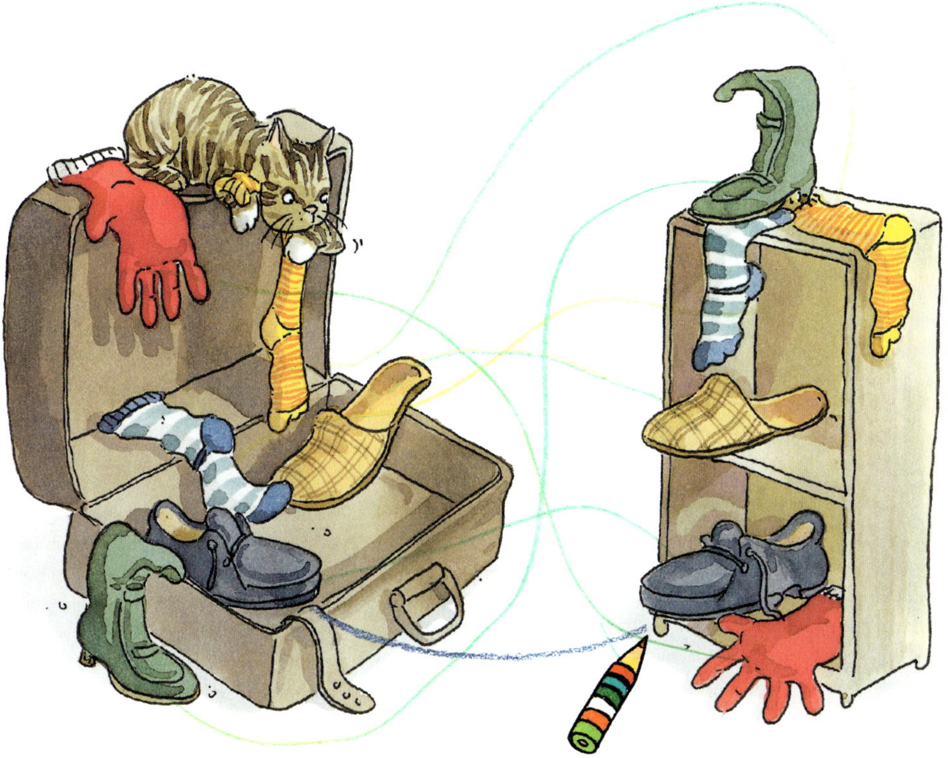

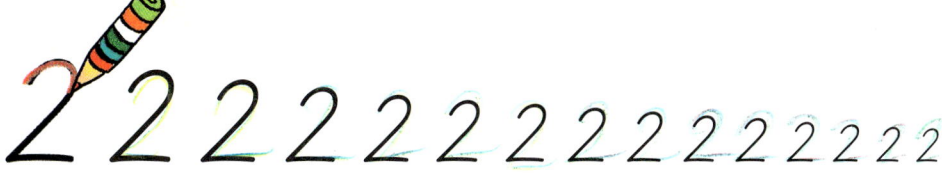

Schreibe nach!

2

2 2 2 2 2 2 2 2 2 2 2 2 2 2 2

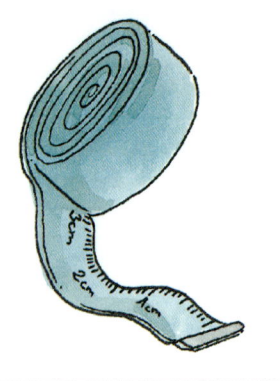  

Immer 3! Male an!

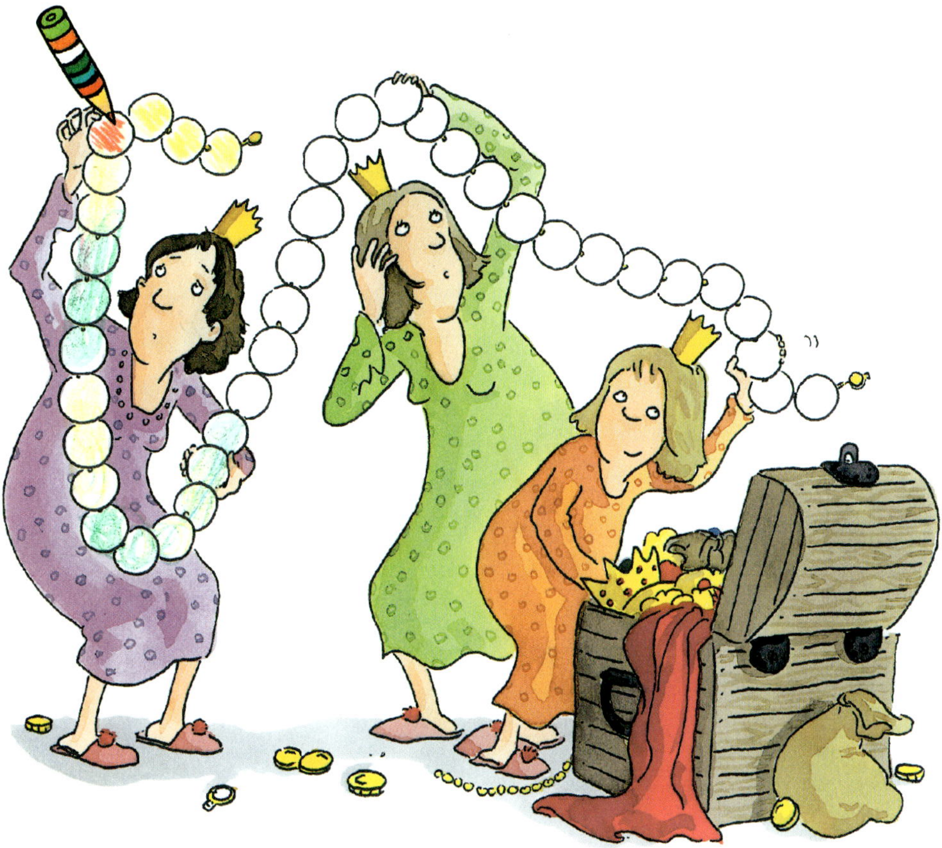

Schreibe nach!

3

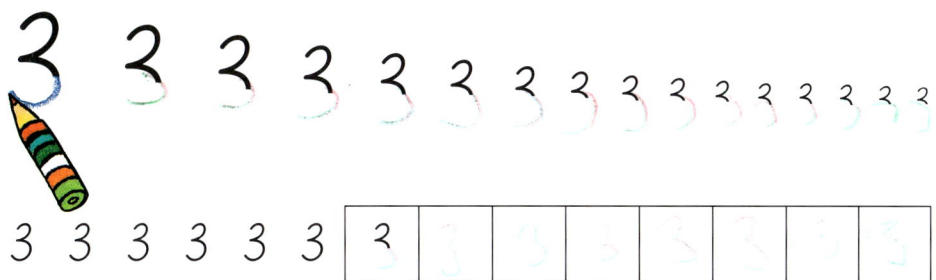

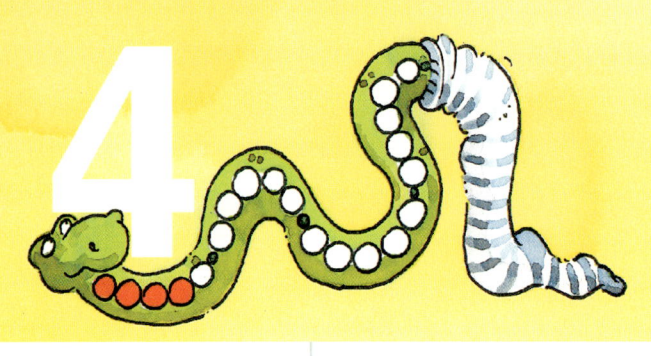

Immer 4! Wohin gehören die Räder?

Schreibe nach!

4

4	4	4	4	4	4	4	4	4	4
4	4	4	4	4	4	4	4	4	4
4	4								

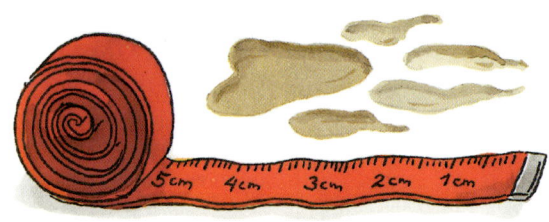

Immer 5! Finde Spuren mit 5 Abdrücken!

Wo ist die 5? Schreibe nach!

5

| 1 | 2 | 3 | 4 | 5 | | 1 | 2 | 3 | 4 | 5 | | 1 | 2 | 3 | 4 | 5 |

| 1 | 2 | 3 | 4 | 5 | | 1 | 2 | 3 | 4 | 5 | | 1 | 2 | 3 | 4 | 5 |

| 1 | 2 | 3 | 4 | 5 | | 1 | 2 | 3 | 4 | 5 | | 1 | 2 | 3 | 4 | 5 |

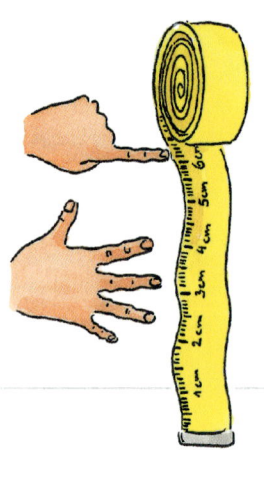

Immer 6! Male an!

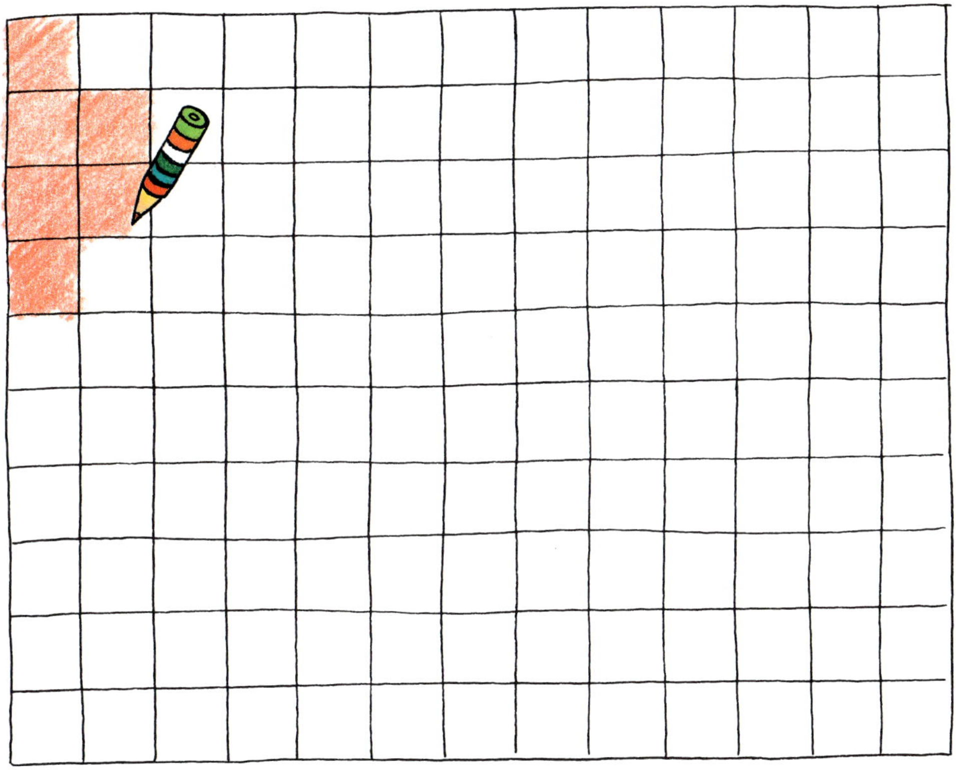

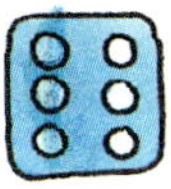

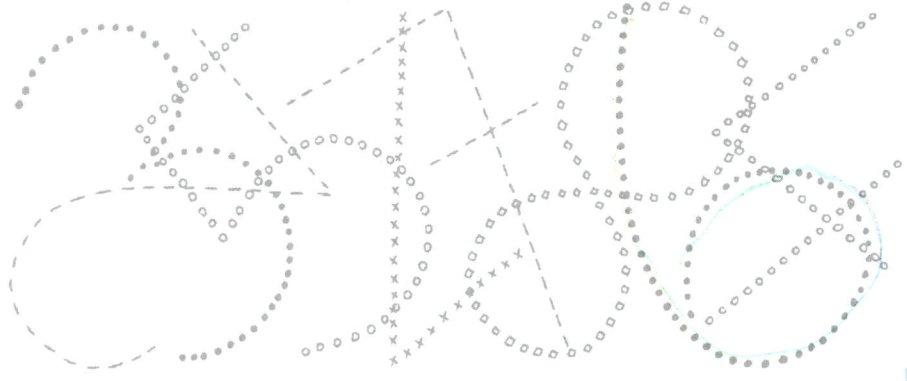

Wo ist die 6? Schreibe nach!

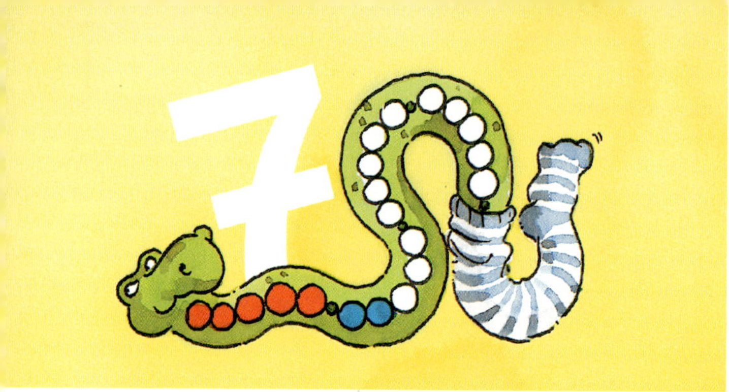

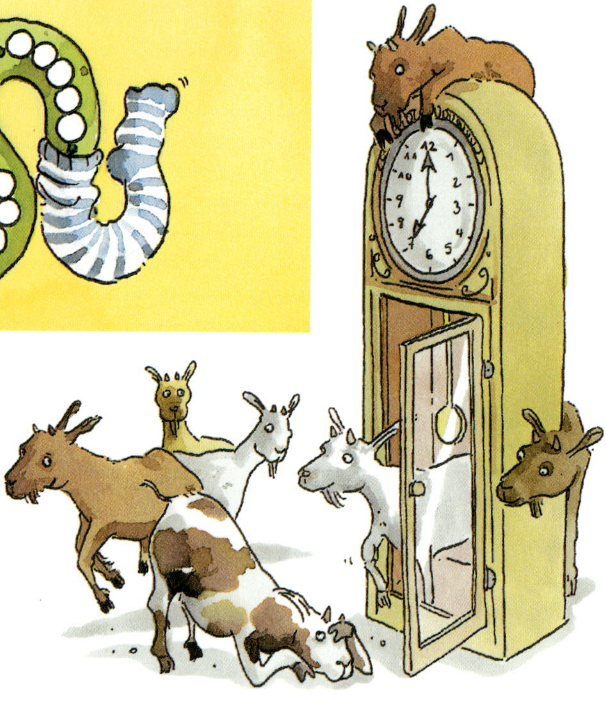

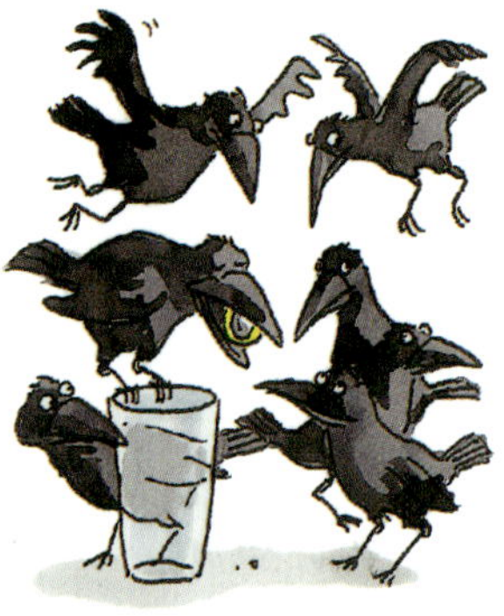

0 1 2 3 4 5 6 7 8 9 10 11 12 13 14 15 16 17 18 19 20

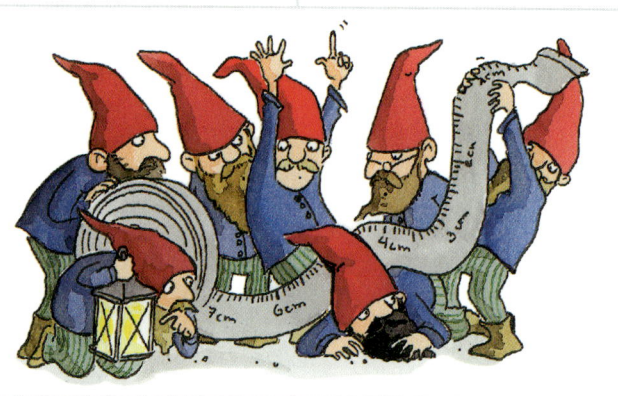

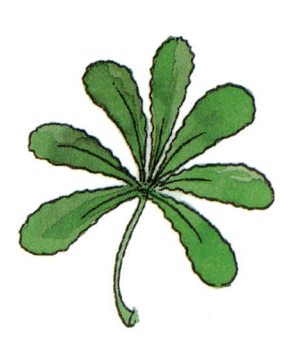

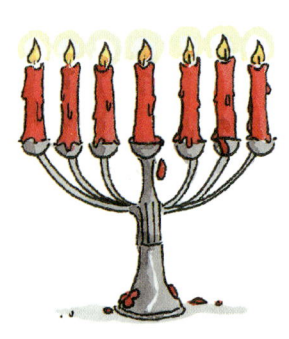

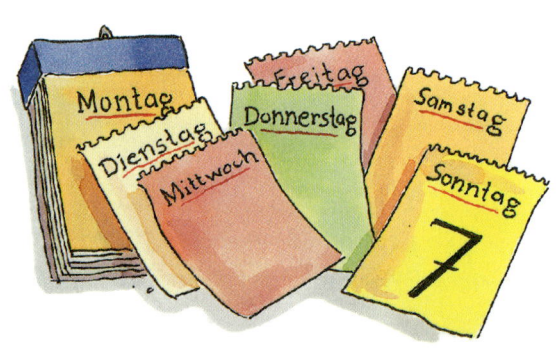

Immer 7! Male dazu!

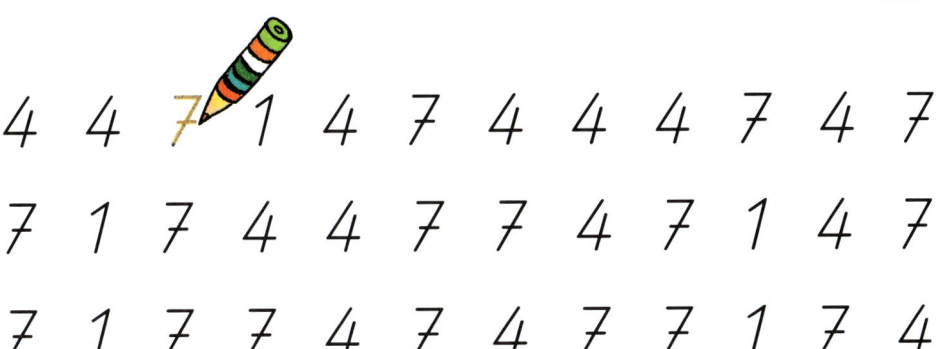

Wo ist die 7? Schreibe nach!

$\vec{7}$

4 4 *7* 1 4 7 4 4 4 7 4 7

7 1 7 4 4 7 7 4 7 1 4 7

7 1 7 7 4 7 4 7 7 1 7 4

Immer 8! Verbinde!

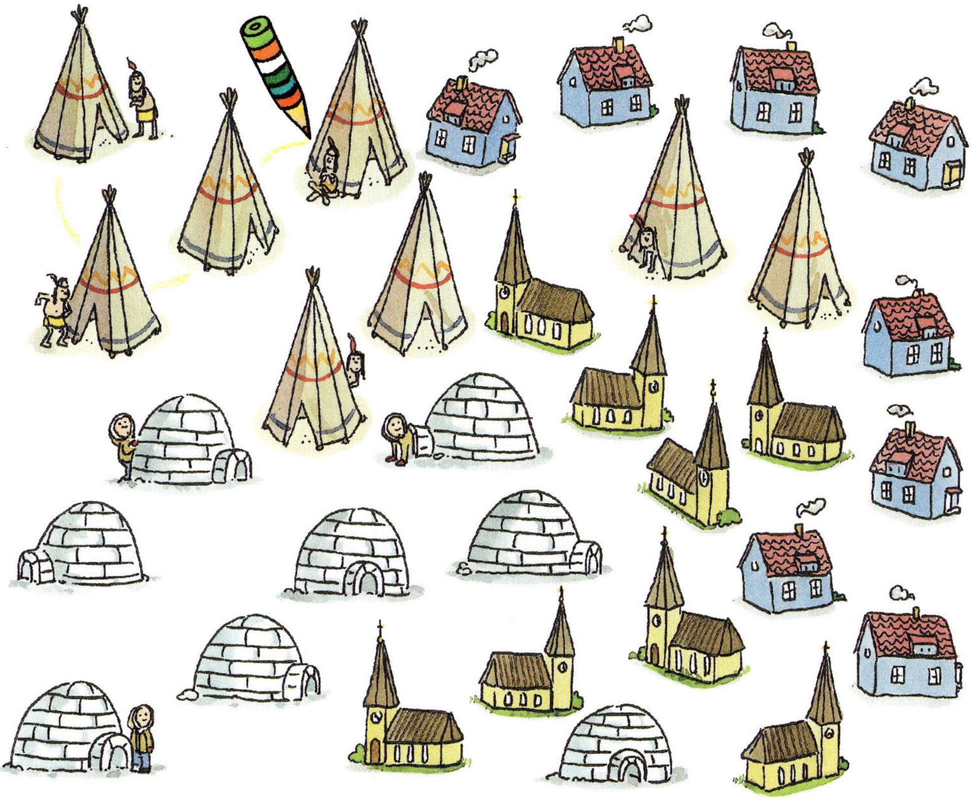

Schreibe nach!

8

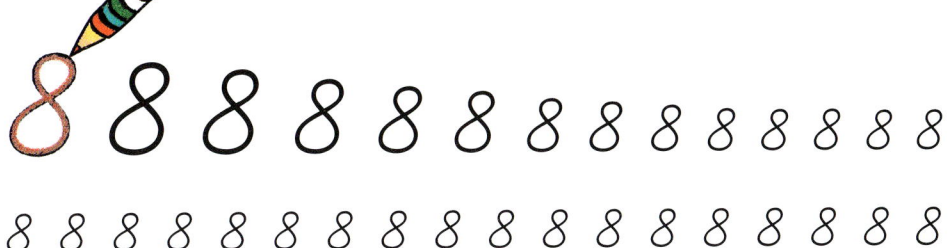

9

Immer 9! Male dazu!

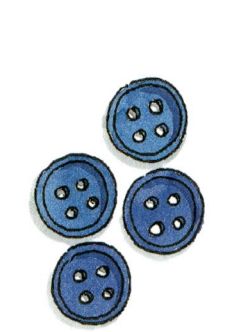

Wo ist die 9? Schreibe nach!

9 6 9 9 9 3 6 6 9 9 9 6 6 6 9 9 9 9 3 9 9 9
6 9 6 0 0 9 9 6 9 0 6 9 0 6 9 3 3 9 9 6 9 6
3 3 6 6 9 9 9 6 9 6 9 6 9 9 9 3 6 6 9 9 9 6 9

10

Immer 10! Male dazu!

Kreise ein!

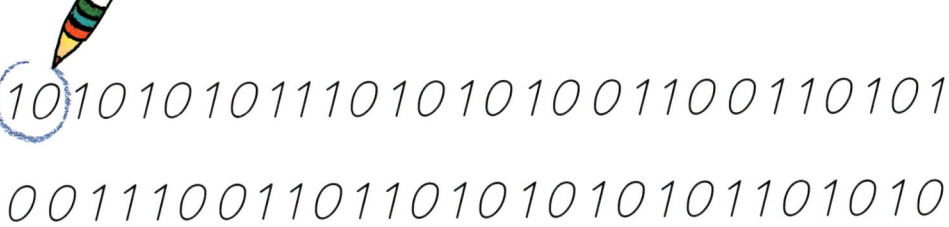

10101010101110101010100110110101
00111001101101010101010101101010

25

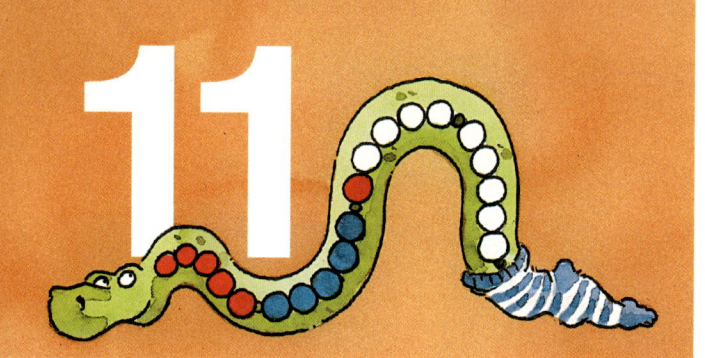

Immer 11! Male an!

Male an!

11

3 4 1 2 11 3 5 6 11 7 8 4 3 12 1 11 3 10 3 2 11 12

2 3 4 15 6 11 2 3 11 2 4 11 5 6 11 1 2 3 3 2 11 2

27

12

DONNERSTAG
12

Immer 12! Male dazu!

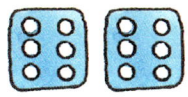

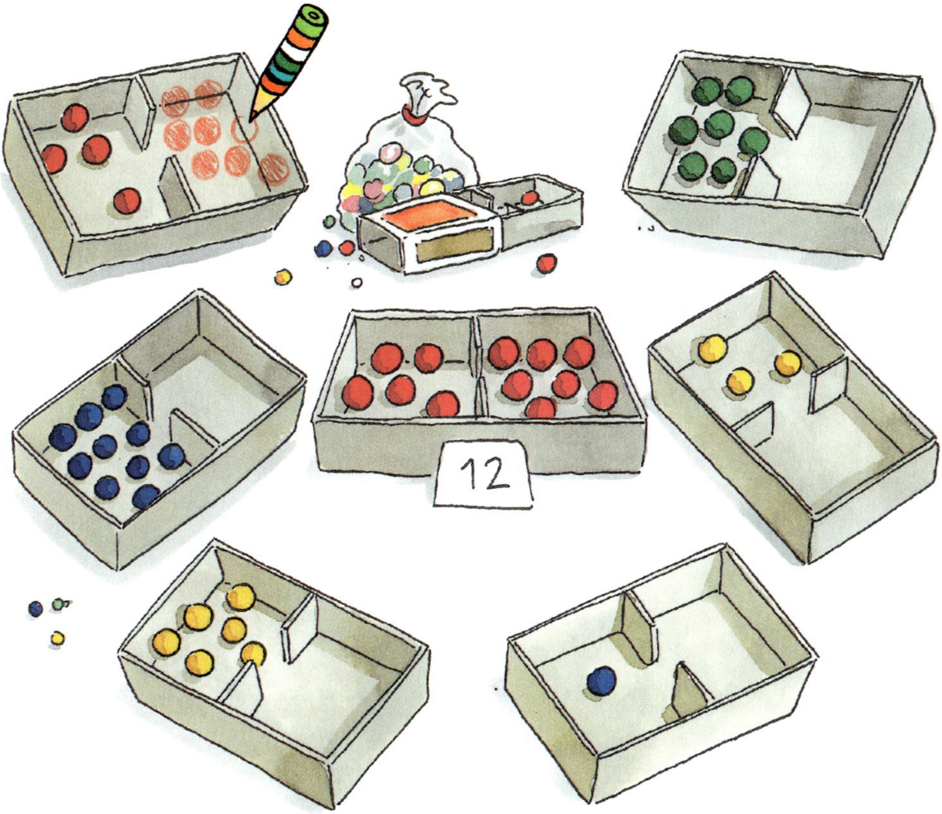

Kreise ein!

12

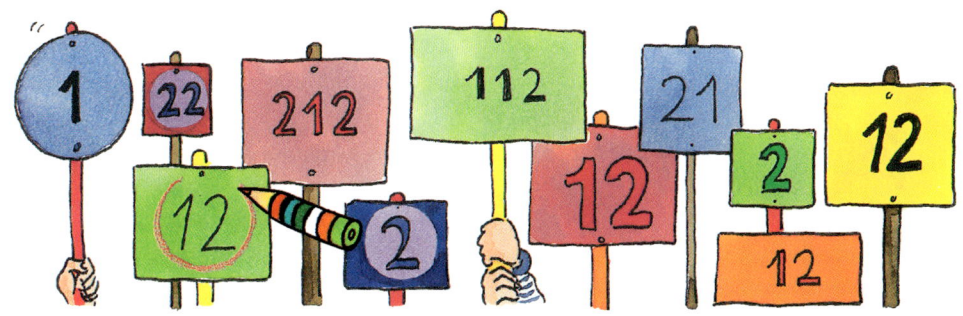

13

Immer 13! Welche Figuren sind mit 13 Streichhölzern gelegt?

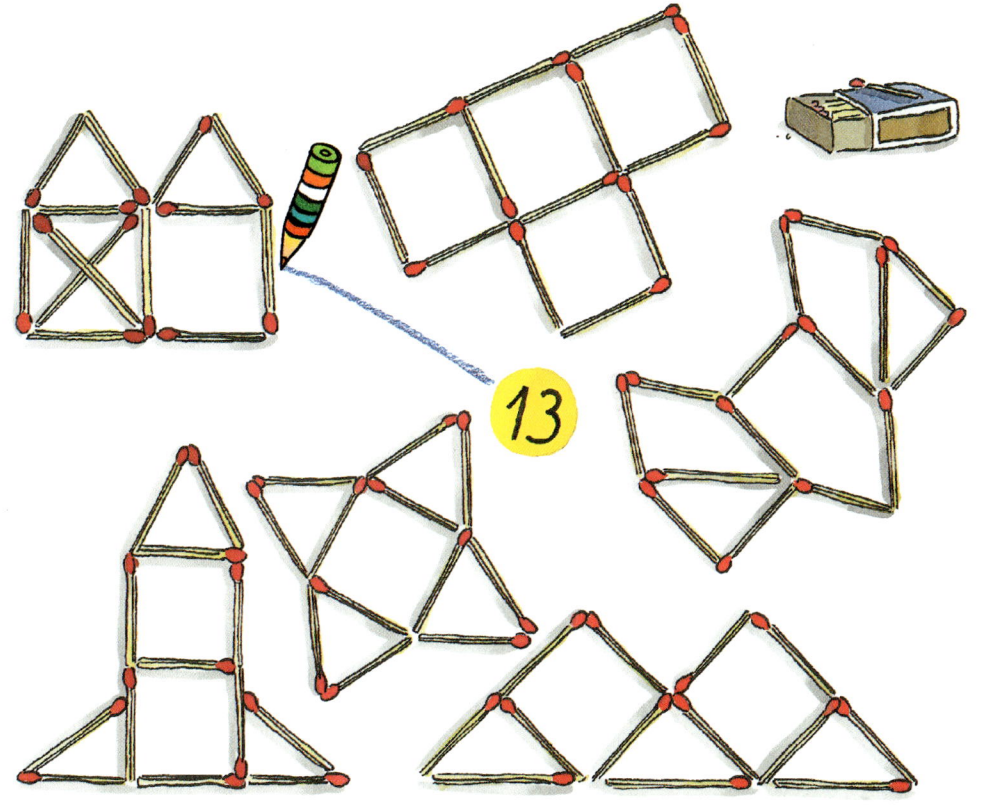

Male an!

14

Immer 14! Es gibt nur einen Fischschwarm mit 14 Fischen!

Kreise ein!

14

15

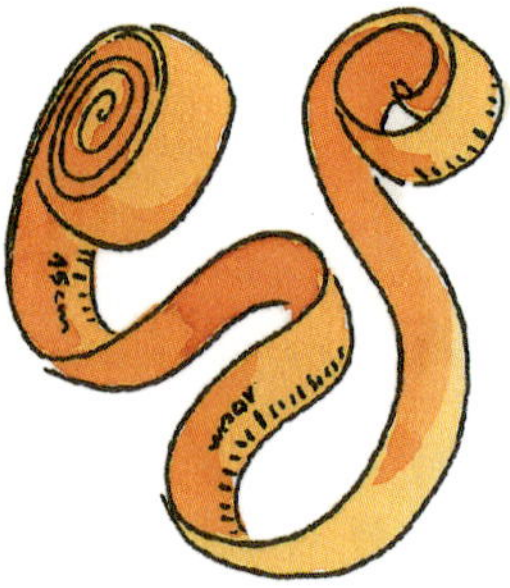

Dienstag MAI
15

Immer 15! Male dazu!

Kreise ein!

15

51   15

13   11   115   15   15   16   3   15

Immer 16! Streiche aus!

Kreise ein!

16

MITTWOCH
17 JUNI

LINIE 17

Immer 17! Male dazu oder streiche aus!

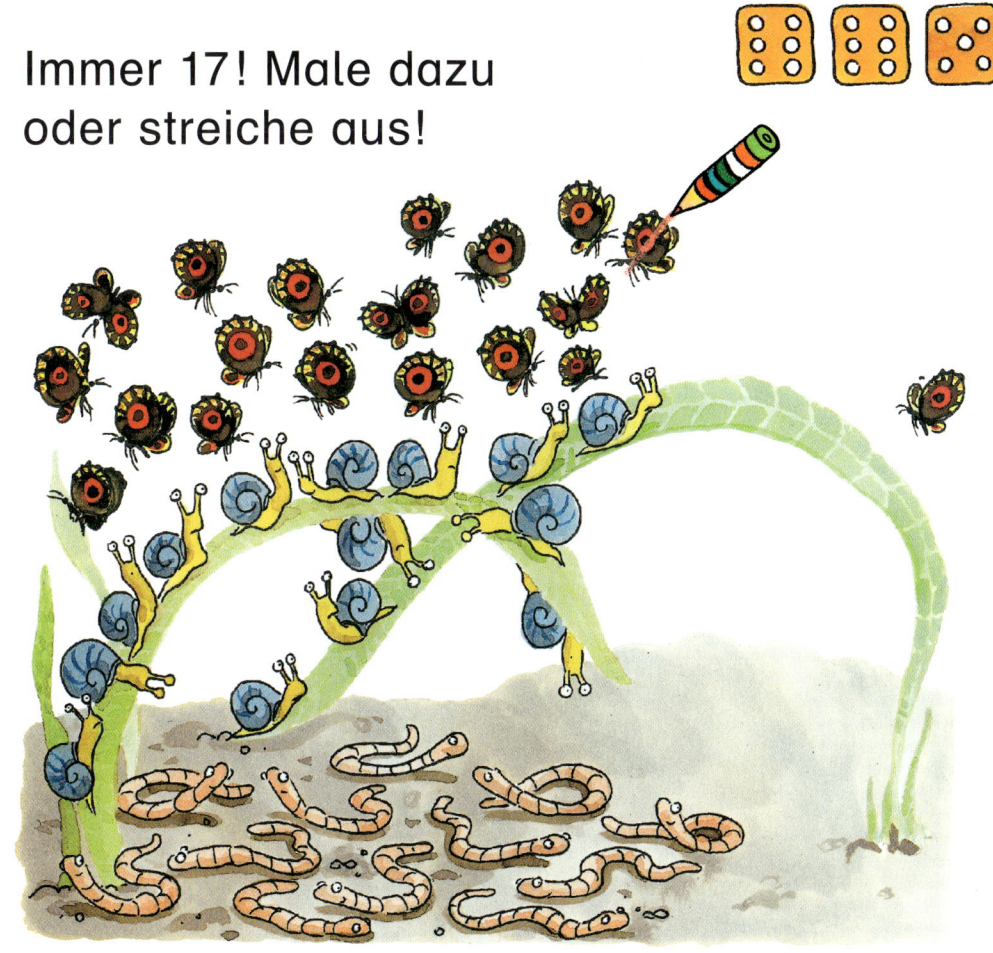

Male an!

17

17 4 17 17 7 14 7 7 17 17 14 17 14 17 14

17 17 14 17 7 7 14 7 17 17 17 17 14 17 17 1

18

18 FREITAG/MAI

Immer 18! Streiche aus!

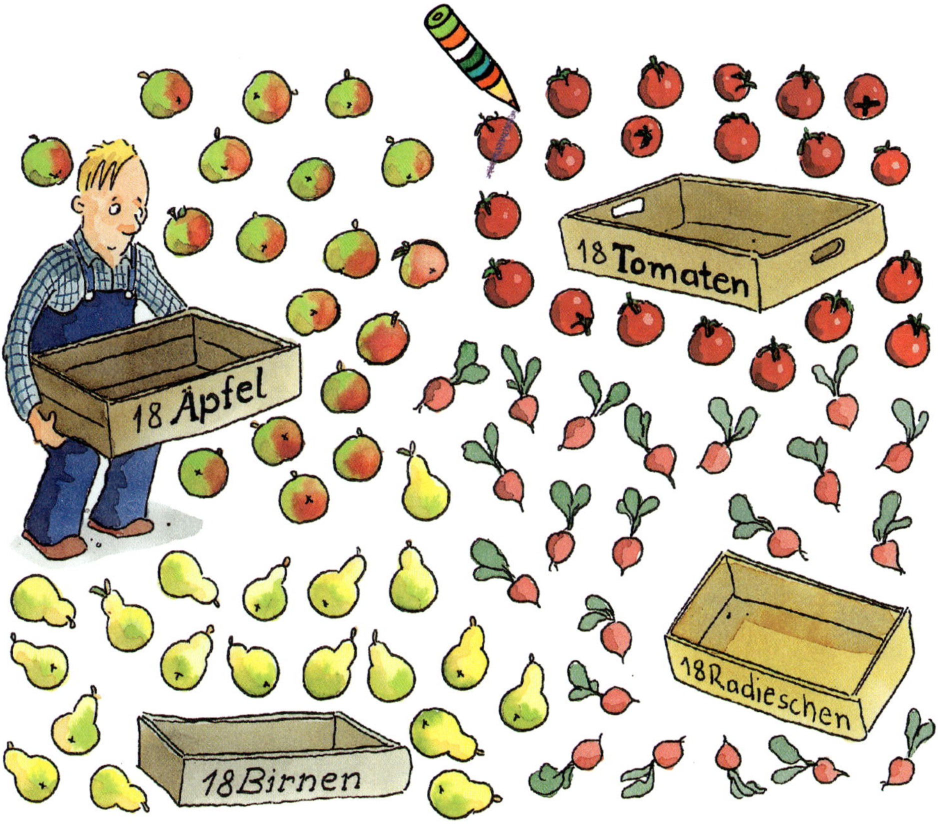

Kreise ein!

19

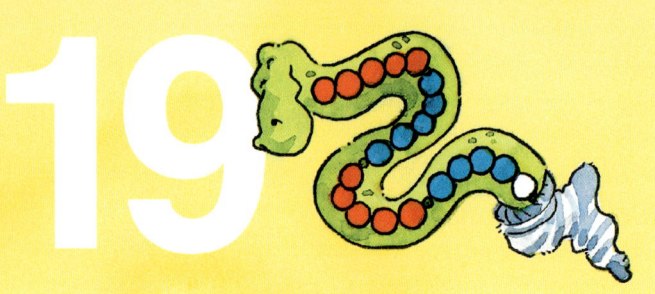

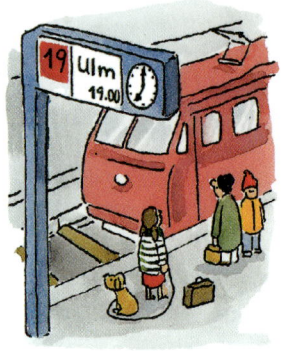

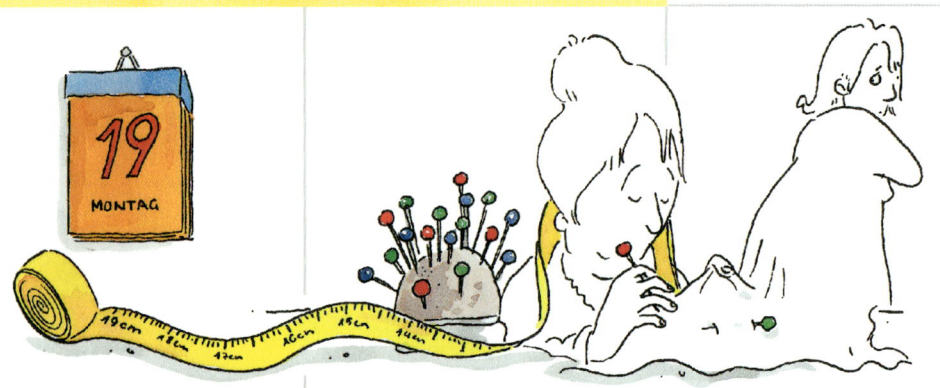

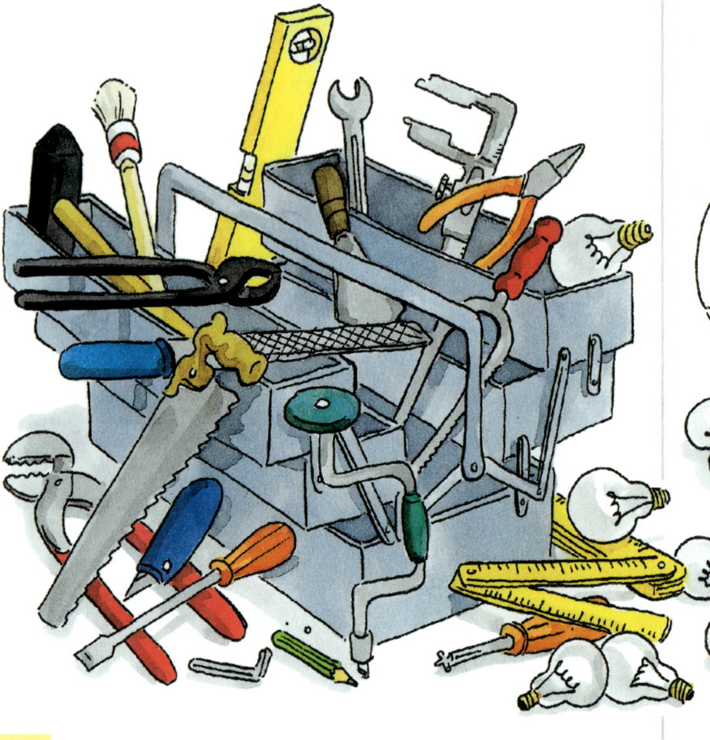

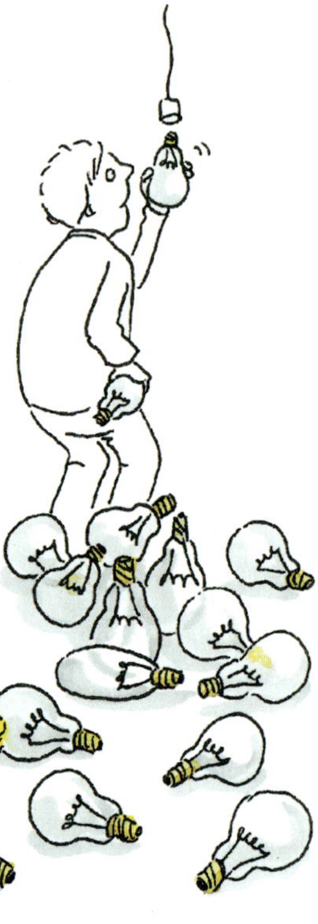

0 1 2 3 4 5 6 7 8 9 10 11 12 13 14 15 16 17 18 19 20

Immer 19! Male dazu!

Male an!

19

*19*91161191191919631191913691

99919166131919191916999331

Immer 20! Male dazu!

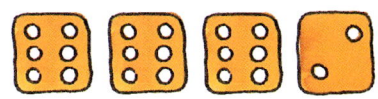

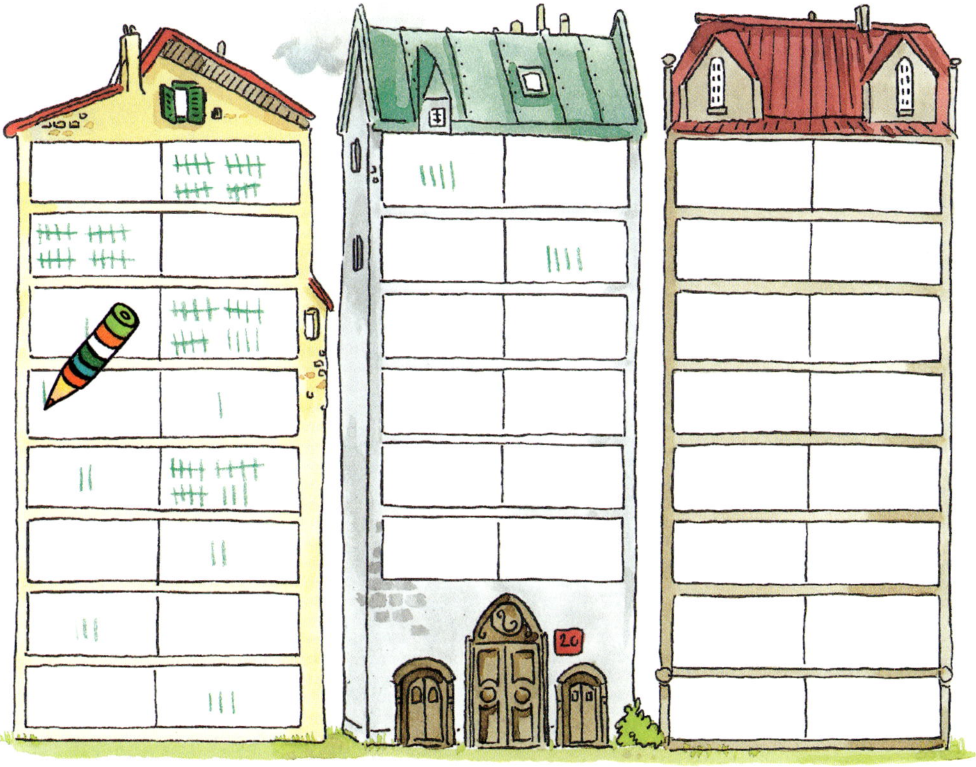

20

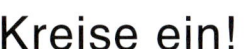

Kreise ein!

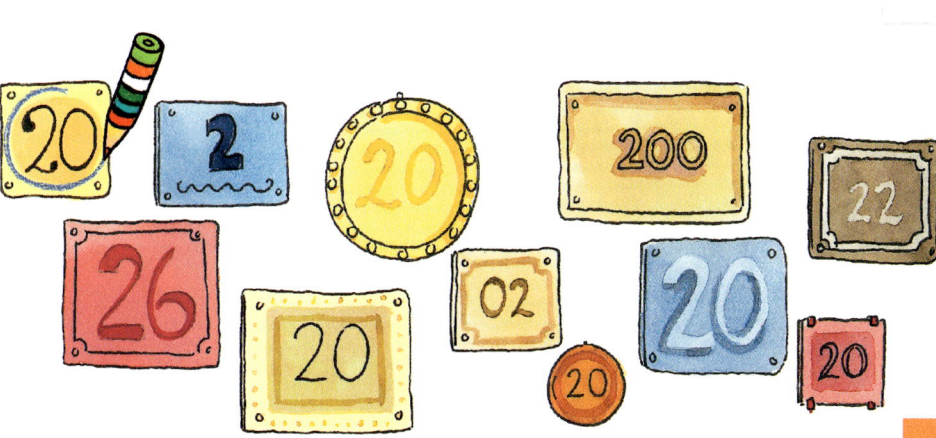

0 1 2 3 4 5 6 7 8 9 10 11 12 13 14 15 16 17 18 19 20

Die 0 für nichts, das stimmt so nicht,
denn steht sie hinter einer Zahl,
wird diese größer gleich 10-mal.
Aus 1 wird 10, das ist doch klar,
aus 2 wird 20 – auch das ist wahr.
Setz die 0 gleich hinter eine 10,
dann wird daraus 100,
so kann es immer weitergehn.
Bist du jetzt sehr verwundert?

Schreibe nach!

O

0 0 0 6 9 0 6 6 9 9 0 0 0 6 9 0 6

6 9 6 0 0 6 6 6 9 9 0 0 6 0 9 0 9 0

Die Zehnerzahlen von 10 bis 100

10   20   30   40   5

NEU

Zählrap

Zählen können ist famos –

Achtung, fertig, es geht los.

1, 2, 3, 4, 5 – das geht ganz schnell

6, 7, 8, 9, 10 – sind auch zur Stell'.

11, 12, 13, 14, 15 – über den Zehner einfach weiter

16, 17, 18, 19, 20 – so flott gehts

auf der Zahlenleiter.

Rhythmus: Linke Hand auf linken Oberschenkel.
Rechte Hand auf rechten Oberschenkel.
Vor der Brust klatschen.
Mit beiden Händen schnipsen.
Zahlen stampfen.

Auch über die 20 kein Problem,
in Zehnerschritten kannst du gehn.
30, 40, 50, 60, 70 –
          jetzt fehlen nur noch drei:
80, 90, 100 – aus, vorbei!

Was fliegt auf dieser Seite? Verbinde!

Wie gehts weiter? Kreuze an!

☒ 5, 6,  *7*   8 ☐

☒ 15, 14,    19 ☐

☐ 18, 19,    0 ☐

☐ 8, 9,    50 ☐

☐ 11, 10,    7 ☒

☐ 30, 40,    13 ☒

☐ 21, 20,    20 ☐

☐ 5, 6, 7,    9 ☐

☐ 2, 1,   10 ☐

Was ist richtig? Kreuze an!

✗	3	4	5	6	7
◯	9	11	12	13	14
◯	18	17	16	15	
◯	30	40	50	70	
◯	8	9	10	11	
◯	0	1	2	5	
◯	19	20	21	22	
◯	100	90	80	70	
◯	6	7	8	10	
◯	40	50	60		

0
10
20
30
40
50
60
70
80
90
100

Welche Zahlen hat der Regen weggewischt?

Wer kommt auf welchen Platz?

ZIEL

1.

2.

3.

4.

5.

Hausnummern sind auf der einen Straßenseite gerade und auf der anderen ungerade. Schreibe dazu!

Was kommt davor, was dahinter? Schreibe dazu!

3 4 5

_ _ 9 _

13 _ _ _ 16

_ 19 _

15 _ _ _

12 11 _ _ _

8 _ 6

_ 1 _ _

30 40 _

0
10
20
30
40
50
60
70
80
90
100
59

Erst schätzen, dann zählen! Schreibe auf!

geschätzt: 19   geschätzt: ☐

gezählt: ☐   gezählt: ☐

geschätzt: ☐   geschätzt: ☐

gezählt: ☐   gezählt: ☐

geschätzt: ☐   geschätzt: ☐

gezählt: ☐   gezählt: ☐

geschätzt: ☐   geschätzt: ☐

gezählt: ☐   gezählt: ☐

0 1 2 3 4 5 6 7 8 9 10 11 12 13 14 15 16 17 18 19 20

Wo ist mehr? Kreuze an!

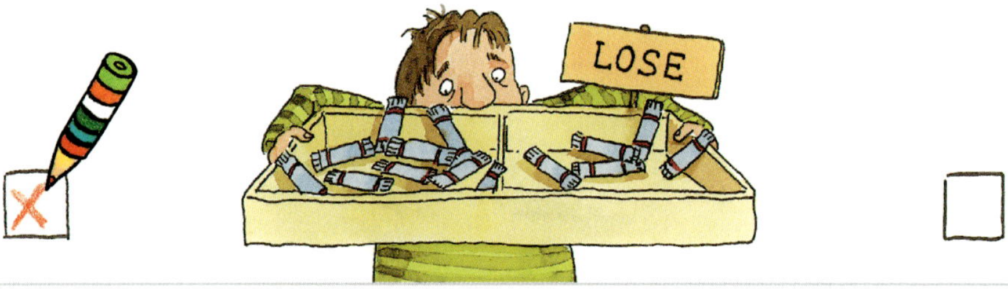

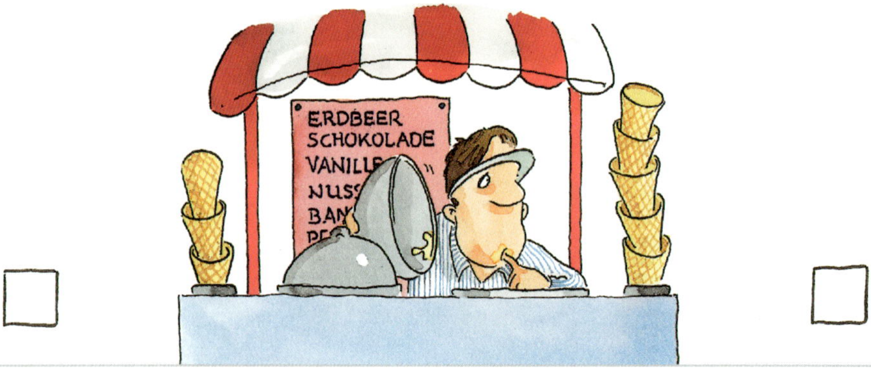

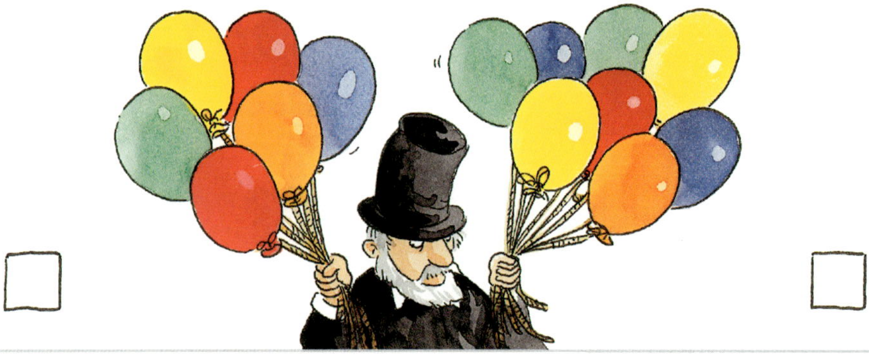

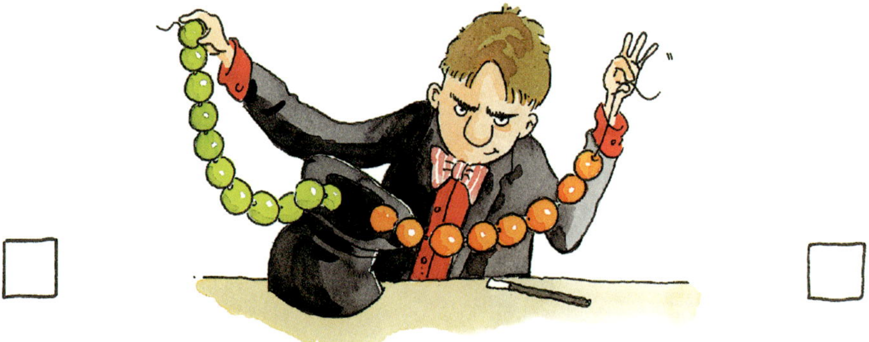

Wo ist weniger? Kreuze an!

Das Monsterwürfelspiel

Ihr braucht: 1 Spielfigur pro Spieler und 1 Würfel

Waffeln backen!

4 Eier liegen schon auf dem Tisch.

Max holt noch 2 Eier dazu.

?

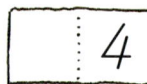 + =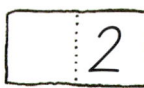

plus   gleich

Würstchen kochen!

Im Glas sind 10 Würstchen.

6 Würstchen werden gekocht.

?

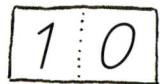 - 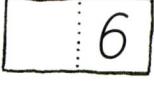 =

minus   gleich

Überraschungsgäste!

Auf dem Tisch
stehen 9 Teller.

Es werden noch
2 Teller gebraucht.

?

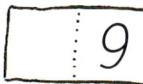 + 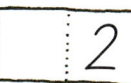 =

Vorsicht Glas!

7 Gläser stehen auf
dem Tablett.

3 Gläser fallen
vom Tablett.

?

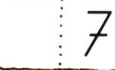 -  =

67

Verschwunden!

Max und Nick spielen mit 7 Autos.

Nick steckt 1 Auto in seine Hosentasche.

?

 − 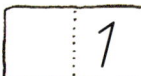 =

So ein Pech!

13 Bücher stehen im Regal.

?

Jetzt stehen nur noch 9 Bücher im Regal.

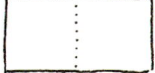 − =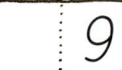

Viele Tore!

Zoe hat schon
4 Bälle
ins Tor gekickt.

?

Nur 8 Bälle sind
ins Tor gegangen.

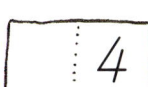 $+$ 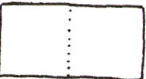 $=$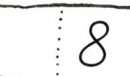

Falsch verteilt!

?

Tim, Lara und Fritz
wollen auch wippen.

Jetzt sitzen 8 Kinder
auf der Wippe.

 $+$  $=$

Radieschenernte!

Im Beet stehen
14 Radieschen.

Lena hat 3
Radieschen geerntet.

?

 -  =

Schade!

?

Der Wind hat
5 Sonnenblumen
abgeknickt.

Jetzt sind es
nur noch
12 Sonnenblumen.

O weh!

Sina hat
9 Schokoküsse auf
dem Tablett.

Anna springt auf
das Tablett.

?

Comicsammler!

Lukas hat
15 Dino-Comics.

Er kauft 5 Hefte
dazu.

?

 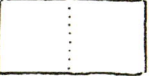 

Hoch hinaus!

11 Bauklötze stehen
schon aufeinander.

?

Jetzt ist der Turm
18 Bauklötze hoch.

 +  =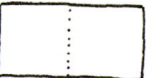

Lecker!

?

Flo backt noch
3 Muffins.

Jetzt sind es
11 Muffins.

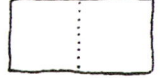 + 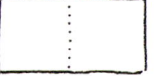 =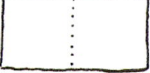

Frühstückspause!

In der Kiste sind
18 Flaschen.

?

Es sind noch
8 Flaschen in der
Kiste.

 -  =

Vergessen!

Da sind
6 Turnbeutel.

Marta, Leo und Julius
nehmen ihre Beutel
mit nach Hause.

?

 - 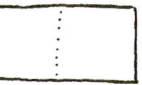 =

Flugversuch!

Im Nest sitzen   2 Vögel fliegen   ?
6 junge Vögel.   davon.

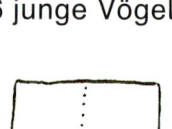   [ ]   =

Wintervorrat!

        ?   Noch eine Nuss   Im Nest sind 14 Nüsse
                        für den Wintervorrat.   als Wintervorrat.

      =

Fleißig!

?   Kurt baut noch   Jetzt sind 11 Hügel
                     2 Maulwurfshügel.   im Garten.

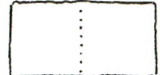   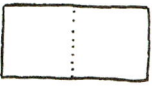 

Froschkonzert!

5 Frösche geben   3 Frösche wollen   ?
ein Froschkonzert.   auch mitmachen.

Familienausflug!

?   Alle steigen   Der Bus ist
am Ausflugsziel aus.   leer.

    =

Fliegender Teppich!

9 Raben machen   ?   7 Raben fliegen
einen Ausflug.   weiter.

    =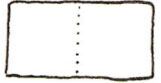

Verladen!

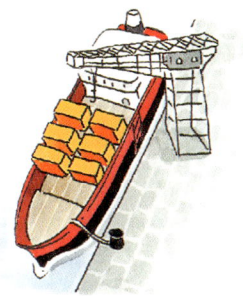

6 Container
sind schon auf dem
Schiff.

?

Es sind zusammen
11 Container.

  =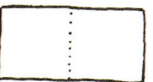

Hexenritt!

?

4 Hexen kommen
noch dazu.

Jetzt reiten 7 Hexen
auf ihren Besen.

  =

Lösungen zum ersten Rechnen

Seite 66
Waffeln backen!	$4 + 2 = 6$
Würstchen kochen!	$10 - 6 = 4$

Seite 67
Überraschungsgäste!	$9 + 2 = 11$
Vorsicht Glas!	$7 - 3 = 4$

Seite 68
Verschwunden!	$7 - 1 = 6$
So ein Pech!	$13 - 4 = 9$

Seite 69
Viele Tore!	$4 + 4 = 8$
Falsch verteilt!	$5 + 3 = 8$

Seite 70
Radieschenernte!	$14 - 3 = 11$
Schade!	$17 - 5 = 12$

Seite 71
O weh!	$9 - 9 = 0$
Comicsammler!	$15 + 5 = 20$

Seite 72
Hoch hinaus!	$11 + 7 = 18$
Lecker!	$8 + 3 = 11$

Seite 73
Frühstückspause!	$18 - 10 = 8$
Vergessen!	$6 - 3 = 3$

Seite 74
Flugversuch!	$6 - 2 = 4$
Wintervorrat!	$13 + 1 = 14$

Seite 75
Fleißig!	$9 + 2 = 11$
Froschkonzert!	$5 + 3 = 8$

Seite 76
Familienausflug!	$5 - 5 = 0$
Fliegender Teppich!	$9 - 2 = 7$

Seite 77
Verladen!	$6 + 5 = 11$
Hexenritt!	$3 + 4 = 7$

Deine Seite für Zahlen und Rechengeschichten!

10

30

20

60

70